3

Symud ar ddŵr

Dyma gychod o wahanol siâp a maint. Allwch chi enwi rhai o'r cychod hyn?

Beth sy'n gwneud iddyn nhw symud trwy'r dŵr?

4

Meddyliwch am dri pheth allai wneud i gwch suddo.

Mae llongau wedi cludo cargos trwm ar draws y moroedd ers blynyddoedd. Ers talwm roedd llawer o longau yn suddo wrth gario gormod o lwyth. Dros gant o flynyddoedd yn ôl penderfynodd dyn o'r enw Samuel Plimsoll frwydro am ddeddf rhag i gychod gael eu gorlwytho. Nawr mae llinellau wedi'u peintio ar ochr pob llong fawr. Dyma'r **marc 'Plimsoll'**. Gellir llwytho'r llong nes bod y llinell gywir ar yr un lefel â'r dŵr. Mae nifer o linellau ar y marc Plimsoll. Y rheswm yw y gall cwch gario mwy o lwyth wrth hwylio mewn tywydd braf.

5

Olwynion a theiars

Mae pob math o wahanol olwynion.

Cyn i deiars rwber gael eu dyfeisio, roedd band haearn yn cael ei osod o gwmpas rhai olwynion i wneud teiar. Weithiau, dim ond pren oedd yr olwyn.

Beth yw manteision teiars, tybed? Oes yna anfanteision?

Welsoch chi'r gwahanol batrymau ar deiars? Mae'r rhychau neu'r **sang** yn helpu'r olwyn i afael yn y ffordd. Mae gwahanol sangau i wneud gwahanol bethau.

Un enw ar deiars rasio yw teiars slic. Rwber meddal gludiog heb rychau sydd ar deiars slic.

Maen nhw'n gafael yn dda yn y trac ond yn treulio'n gyflym iawn.
Mewn tywydd gwlyb, rhaid defnyddio teiars gyda sang. Wyddoch chi pam?

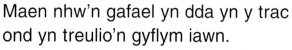

Mewn ras Grand Prix, gall y tîm o fecanics newid pedwar teiar y car mewn llai nag wyth eiliad.

Gafael a llithro

Pa rai o'r esgidiau hyn fyddech chi'n eu gwisgo i wneud y pethau welwch chi yn y lluniau gyferbyn?

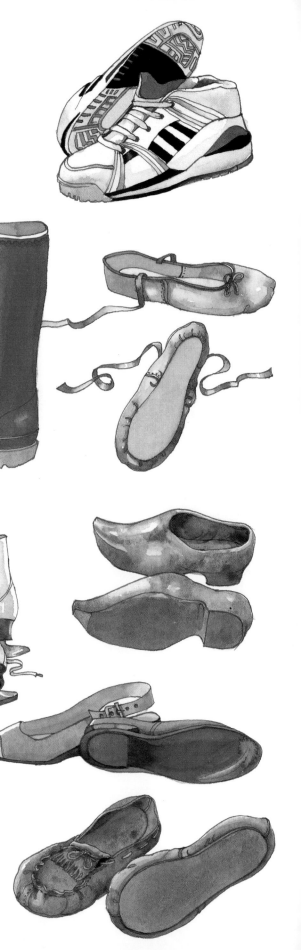

Pa esgidiau sy'n gafael orau?
Pam mae rhai esgidiau yn gafael yn well nag eraill? Pa rai fyddai orau ar gyfer llithro? Pryd mae angen esgidiau sy'n llithro yn hawdd?

Pam mae angen yr arwydd hwn?

Bydd dawnswyr bale yn rhoi **resin** ar eu hesgidiau cyn dawnsio er mwyn iddynt afael yn well.

Cydbwyso

Sut mae'r tîm yn ffurfio'r siâp hwn, tybed?

Beth sy'n gwneud i bethau gydbwyso?

Sut gallech chi wneud i'r pethau hyn gydbwyso?

Allwch chi egluro'r tric hwn?
Sefwch â'ch cefn yn erbyn y wal.
Plygwch drosodd a cheisio codi
papur pumpunt oddi ar y llawr
o'ch blaen – heb syrthio!

11

Cario pethau

Pa wahanol ffyrdd sydd gan bobl o gario'r pethau hyn?

Gallwn gario plentyn mewn gwahanol ffyrdd. Pa un yw'r ffordd hawsaf? Pa un sydd fwyaf cyfforddus ar gyfer y baban, tybed?

Gallwch gario baban yn fwy cyfforddus na ches dillad o'r un pwysau. Pam, tybed?

Sut byddech chi'n cario'r rhain?

13

Pŵer dŵr

Tonnau enfawr yn taro promenâd Y Rhyl, Gogledd Cymru, ar 27 Chwefror 1990

PLENTYN YN BODDI MEWN CAMLAS

Gall dŵr y gamlas leol edrych yn ddiogel a llonydd, ond dan yr wyneb mae cerrynt peryglus wrth i'r dŵr lifo trwy'r **llifddorau** i'r loc.

Mae pobl yn hoffi pysgota, gwylio adar a mynd â'r ci am dro ar lan y gamlas, ond boddodd plentyn yr wythnos diwethaf...
FELLY BYDDWCH YN OFALUS.

Defnyddio pŵer dŵr

Mae grym pwerus iawn yn gallu perthyn i ddŵr. Dyma rai ffyrdd o ddefnyddio pŵer dŵr. Ar gyfer beth arall y gallwn ei ddefnyddio?

Allwch chi gynllunio a gwneud peiriant sy'n defnyddio pŵer dŵr?

15

Chwythu chwythu

Beth allwch chi ei wneud gyda'r
rhain? Sut byddech chi'n eu
chwythu?

Sut deimlad yw chwythu balŵn?
Ydych chi wedi ceisio chwythu gwely
gwynt erioed?

Wyddoch chi am beiriannau sy'n defnyddio pŵer aer i weithio?

SHELL

Defnyddir melinau gwynt modern i **gynhyrchu** trydan. Dyma fferm wynt yn California. Hoffech chi weld fforestydd o felinau gwynt yn eich ardal chi? Oes yna ddigon o le, neu a fyddai'n bosibl defnyddio'r tir ar gyfer pethau eraill hefyd? Dewis arall yw adeiladu generaduron gwynt yng nghanol y môr.

Mae melinau gwynt yn gyrru peiriannau ers canrifoedd. Pwmpio dŵr oedd gwaith y felin wynt hon.

Beth os nad oedd gwynt?

Dyma'r ateb i'n problemau egni!

Ond byddai melinau gwynt dros y wlad i gyd.

Gall gwynt wneud difrod hefyd.

Rhaid cynllunio adeiladau i sefyll mewn gwyntoedd cryfion. Wyddoch chi am leoedd gwyntog iawn? O ble mae'r gwynt yn dod? Beth sydd fel petai'n gwneud i'r gwynt chwythu'n galetach?

Cerdded i fyny'r wal

Pam nad yw'r anifeiliaid hyn yn syrthio?
Beth sy'n eu dal yn eu lle?
Ydi pob un yn gafael yn yr un ffordd?

Welsoch chi bobl mewn ffilmiau fel
petaen nhw'n cerdded ar y nenfwd?
Sut maen nhw'n gwneud hyn, tybed?

Pam mae pobl yn methu cerdded ar y nenfwd?

Sut mae pryf yn gallu glanio ar y nenfwd os nad yw'n gallu hedfan wyneb i waered? Mae'n hedfan y ffordd gywir dan y nenfwd. Yna mae'n hedfan yn syth i fyny a throi ar ei gefn mewn pryd i'w draed blaen gyffwrdd y nenfwd.

Pam nad yw'r cerbydau'n syrthio?

Wrth droi bwced fach blastig sy'n llawn dŵr yn ddigon cyflym, nid yw'r dŵr yn dod ohoni. Rhowch gynnig arni! Peidiwch â tharo neb!

19

Grymoedd ar waith

Pa rymoedd welwch chi yn y lluniau ar y dudalen hon? Beth am chwarae rhai o'r gêmau?

Mae'r chwaraewyr yn rholio eu marblys i'r cylch yn eu tro, gan geisio cael sgôr mor uchel â phosibl. Gallant rolio tair marblen bob tro. Os yw marblen yn cael ei tharo o'r cylch, nid yw'n sgorio. Adiwch y sgôr ar ôl i bawb daflu.

Bowlio

Mae un person yn rholio marblen ar hyd y llawr o'r llinell daflu. Y farblen hon yw'r targed.

Mae pawb arall yn ceisio taro'r farblen neu fynd mor agos ati â phosibl. Y nod yw taro'r targed neu gyrraedd o fewn rhychwant llaw iddi i ennill y farblen. Y cyntaf i chwarae sy'n ennill unrhyw farblys sydd fwy nag un rhychwant llaw i ffwrdd.

Hopsgots

Mae angen carreg wastad arnoch a grid hopsgots.

Mae pob un yn ei dro yn taflu'r garreg ar 1.

Hopiwch dros 1 i 2. Yna hopiwch a neidiwch hyd at 10, troi, a hopian yn ôl i godi'r garreg.

Y tro nesaf rhaid i'r garreg lanio ar 2, ac yn y blaen.

Mae angen cydbwysedd da i chwarae'r gêm yma.

Dyma garreg dda am lithro.

8 9
7
5 6
4
2 3
1

RHYBUDD
- Gwyliwch y traffig
- Gwell chwarae mewn lle heb geir

Gwthio a thynnu yn y bore

Sawl gwaith rydych yn gwthio a thynnu cyn brecwast?

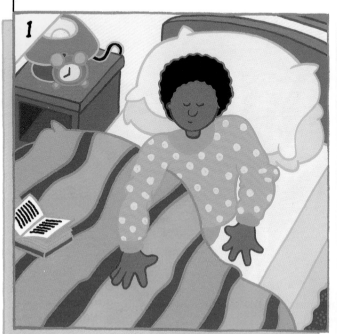

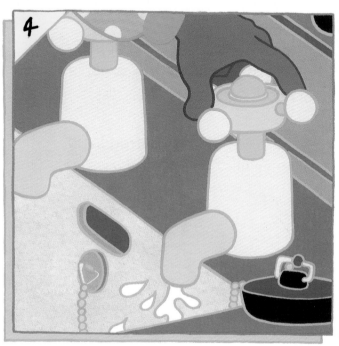

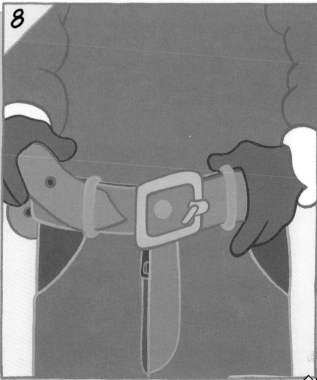

Geirfa

Cynhyrchu
Dywedwn fod peiriant yn gallu cynhyrchu trydan os gall gynhyrchu egni trydanol o, er enghraifft, egni gwres neu egni gwynt.

Llifddorau
Y rhan fwyaf o'r amser mae dôr y loc wedi'i chau a does dim dŵr yn llifo trwodd. I agor y ddôr rhaid codi panel yn y ddôr, gan adael i'r dŵr ruthro trwy'r bwlch i ran nesaf y gamlas nes bod y dŵr ar ddwy ochr y ddôr ar yr un lefel. Yna gellir agor y dorau, a bydd y panel yn disgyn a chau'r bwlch eto. Enw'r panel yw llifddor. (Dyfrffordd wedi'i wneud gan bobl yw camlas. Nid yw'n llifo tuag i lawr fel afon. Mae camlas mewn cyfres o risiau. Wrth i gwch fynd i fyny neu i lawr un gris, rhaid iddo fynd trwy ddôr.)

Marc Plimsoll
Patrwm o linellau wedi'i beintio ar ochr llong yw marc Plimsoll. Mae pob llinell yn dangos lefel gywir y dŵr pan fydd y llong wedi'i llwytho'n gywir. Defnyddir gwahanol linellau mewn gwahanol rannau o'r byd ac ar wahanol adegau o'r flwyddyn, oherwydd gall llong deithio'n is yn y dŵr a chario cargo trymach mewn dŵr tawel nag wrth hwylio ar foroedd garw.

Resin
Mae resin i'w roi ar esgidiau dawnswyr yn bowdr ychydig yn ludiog, wedi'i wneud o sylwedd caled, fel gwydr, sy'n dod o rai mathau o goed. Mae'n helpu i rwystro'r esgidiau rhag llithro ar lawr llyfn.

Sang
Patrwm o rychau trwchus ar wyneb teiar yw sang. Mae'n helpu'r teiar i afael yn y lôn, yn enwedig ar dywydd gwlyb. Mae dŵr yn cael ei wthio allan o gefn y rhychau, gan helpu i rwystro'r teiar rhag llithro.